宇宙間慈悲的力量，感謝這一刻
全宇宙都在幫助我。
每一件事、每一個人、每一樣東西
都是另一個我，
在幫助這一刻的我覺醒。

金剛經

人生經歷無數，喜樂一如最初

the *Diamond Sutra*

傳 訊 者 ＿＿＿＿＿ 章成、M·FAN

目次

第二章 金剛境地的開悟者，所看見的真理

第三章　金剛境地的開悟者，修行的起點

第四章　身體層面的《金剛經》

第五章　行「善」深，方能修得金剛覺

〔自序〕淬鍊真正佛法的滋味

孩子哭了，新手媽媽甚至會跟著哭，一邊哭一邊學習去照顧孩子。可是熟手的媽媽沒有其他的想法，就只是去察覺孩子需要什麼，然後知道怎麼一回事之後，她就是去做該做的，果然小孩就安靜下來了。

更厲害的是那種做了十幾二十年的專業保姆，小孩不是她生的，每個又都不同，可是她才看一下、抱一下，馬上就知道怎麼可以把他們安撫得服服貼貼。

專業的人做起事情來，有一種奇怪的反差：看似無情，卻端出滿滿你要的東西。

例如壽司之神做壽司的時候，總是面無表情、甚至嚴肅得可怕，可是當你把成果送進口中時，卻感到滿滿的幸福。你不禁奇怪，這麼美味、這麼充滿幸福感的料理，居然來自眼前這副不苟言笑的臉孔？

所以最極致的愛是什麼？是對你綻放最甜美的笑容嗎？是對你說出最柔軟的話語嗎？還是說，是把一生的專業，專注地投入在那個你所需要的那一刻？

那份專注與投入，總是沒有情緒、沒有去管「你是誰」的；當下，就只有「專業」。可是那個專業是怎麼養成的呢？卻是通過一個充滿情緒、又不斷超越情緒的過程——千千萬萬次的練習、嘗試、失敗又突破。在這個過程中，一個人還必須一次又一次地回到初衷，回到那個想要做對口味、想要讓人幸福的初衷，再多試探也不能偏離，那個極致才能夠達成。

然而達成的時候，卻已經心平如鏡、看似無情。而在無情中遞給你的那一片握壽司，卻讓你邊吃邊流下幸福的眼淚。

這就是佛法。

佛法總讓人感覺無情，不像其他宗教或許多靈性的訊息那樣，一直去強調「我愛你」。但它卻在為你解苦的專業上，鑽研到了極致——它極其專業地可以解開你人生的任何苦、也可以解開任何人的任何苦。可是當它正在為你這麼做的時候，它不會一邊說著「我好愛好愛你」——它沒有多餘的「我和你」，就只是專注地把壞掉的你拆開來、Bug拿掉、組裝回去、完成。

原來，無情並非無情，而是「大愛」！是技術臻至巔峰、又全然專注奉獻的「無他」——這就是「無緣大慈、同體大悲」。

而佛法中最極致「大愛」的，當屬《金剛經》了。

它比《心經》還大愛，因為《心經》講的空與無，還沒有那麼針對你的日常生活；還存在著讓你產生玄妙奇想的空間。可是《金剛經》講的空與無，是連「無我相」、「無人相」、「無眾生相」、「無壽者相」這樣生活化的話都講出來了，逼得你對於自己在實際生活中的處處滯礙，無可迴避地看見。

《金剛經》極致地揭示了跟我們一樣要吃飯睡覺的人間佛，待人接物的內心素質，重複又重複地告訴我們「這才是真正的佛法」。它對於想要成佛、想要行菩薩道的人，就像一位登峰造極的壽司之神，毫不妥協地高標出畢生的絕學，並且告訴徒弟們：「只有做到這樣，才是淬煉出真正佛法的好滋味喔。」

然而，這份如金剛般的心理素質，是如何焠煉出來的呢？在人間的我們正被這麼多煩惱刻蝕著心，要怎麼淬煉出鑽石般無可摧毀的開悟？

這個問題，就是本書要透過《金剛經》來回答的。

人生的很多答案，都在你即將翻閱的這本書裡。

感謝大日如來，啟發眾生的大愛！

我稽首禮佛，諸說中第一。

章成　於台東都蘭

二〇二二年四月十二日

第一章　金剛境地的開悟者，所看見的世界

若當來世，後五百歲，其有眾生，得聞是經，信解受持，是人即為第一希有。何以故？此人無我相、無人相、無眾生相、無壽者相。所以者何？我相即是非相，人相、眾生相、壽者相即是非相。何以故？離一切諸相，即名諸佛。

一、無四相，因為看見這個世界的後台

《金剛經》是在揭露
佛所看出去的世界，
以及佛的行動品質——
「無四相」與「無為」。

無為，
就是對人不會再有期待了，
但你還是會做同樣的事情。

無為是有做事情的，
但沒有對「人性」的任何期待。
包括對自己
所謂的「成功」、「成道」的期許，
完全都沒有。
你會變成
像是電腦在跑一個邏輯的程式而已。

當智慧臻至於圓熟，你看人
就像看到一台一台的電腦，
不會有什麼人性上的評價：
「他對我好不好」、「他討不討人喜歡」、「他是我的什麼人」、
「他很優秀」、「他很差勁」……
你不會有這些評價，以及用這些人性，
去跟對方做心理上的連結。

但這樣的心境，並不是冷冰冰地，
像個不想受傷的人，
跟世界保持著心理上的抽離。
這還是在「悲」裡面。

《金剛經》的開悟，
不只是跳脫了「悲」，
連「慈」都不用了。

到這個境地，
你就像一個極為精密快速、一直在跑的系統；
而所謂的「緣分」，
就是當其他人的系統，
跑進來與你的系統有所交會時——
如果他需要你的幫助，
你的系統就會立刻產生幫助；

如果沒有，
你就會保持著各自的方向，只是讓他經過。
所以在社會的人際對應上，
別人不會感受到異樣。
然而其實
開悟的人看人，
已經不是看到表面上大家所看到的「人」了。

比較像是
看到每個人的「後台」——
如同看到電腦的主機，而非盯著螢幕看。
並且他已經有那個主機的密碼，
可以進去那個後台。

所以也就如同
一個人所謂的「生命樹」、「生死簿」，

他都可以看得到了。

這又好比有些很有智慧的命理師，
看人都是看到他將來能不能成大器、
這個人一生的發展會如何……等等。
當下的善惡美醜，
或是「此刻他對我好不好」這類事情，
都不是重點。

同樣地，
金剛境地的開悟者，
心念鮮少放在「人與人之間」——
也就是「你」與「我」的關係上。
比較像是擁有一雙「X光眼」，
他能夠從這個人的現在，
解讀出這個人的明天、後天，
甚至是明年、十年後……

演化的趨勢。

他如果要了解一個人的未來，
是可以進去對方的系統，
去調到資料的。

所以金剛境地的開悟者比較像是
一位專精的骨科醫師，
什麼人來到他的眼前，
就算美若天仙，
他看到的都是骨頭。

由於畢生專注於研究骨骼，
只想要治好人們骨骼上的問題，
久而久之，
即便一個人穿得再奢華

站在他的面前，
他都只看到骨頭，
而沒有看到那個「身分地位」。

只一眼，他就會看到，
某個人哪裡歪了、哪裡一定有痠痛。
所以如果你是來找他醫療的，
他就可以立刻告訴你
怎麼調、怎麼做，你的痠痛就會好。
但如果你們只是同一個宴會上的賓客，
大家只是在寒暄，
雖然他可以一眼看到你的問題，
但他會繼續喝他的酒、做他的事。

佛告須菩提：「諸菩薩摩訶薩應如是降伏其心！所有一切眾生之類：

若卵生、若胎生、若濕生、若化生；若有色、若無色；若有想、若無想、若非有想非無想，我皆令入無餘涅槃而滅度之。如是滅度無量無數無邊眾生，實無眾生得滅度者。何以故？須菩提！若菩薩有我相、人相、眾生相、壽者相，即非菩薩。

所以所謂的「無我相」，
就是開悟的人，
不會把焦點放在「我和你」上面去尋求連結；
亦即活在想要被認同、
並期待他人記得自己的心理活動中。

而「無人相」
就是開悟的人，
看人都是看到別人的「人設」；
連同這個人設背後的限制性，
以及其更廣闊的可能性。

就像看到一整組的程式系統一樣。
也好像，
你把一台機器的外殼揭開來，
看到了機件與電路板了。

也因為上述的能力，
開悟的人面對群體、社會，
亦不再是看到一個、一個的國家，
或是一個、一個的社會事件。
他看到的都是
集體意識演化的起承轉合，
與重複的輪迴模式——
也就是所謂的「大歷史」。

一旦看到「大歷史」，
那就像看到無數股能量交錯

所形成的重複模式，
一直在運轉而已。
所以就會「無眾生相」。

而「無壽者相」
則是開悟的人，
會看見一個人的人格，
或是一群人所認同的文化，
都是透過「觀念」（即信念）
累積出來的而已。
就好像相信胖就是美、
與相信瘦才是美的社會，
會有天壤之別；
相信自己能夠成功、
和相信自己沒有資格往上走的人，
人生也會有巨大的差異。

這裡面真正在累積出「這個你」（或社會）的，
是「念」
而並非「你」——
「你」反而是個結果。

所以所謂的「你」、「別人」、「社會」、「國家」
並沒有真正恆常不變的主體性，
都只是「觀念」與「念」的相續以及累積
所形成的效果。
就如同台詞先於角色——
你看電視劇的時候，
如果拿著腳本對照畫面中的人物，
一句一句地跟著看，
你就會意會到
何謂「無壽者相」。

復次，須菩提！菩薩於法，應無所住，行於布施，所謂不住色布施，不住聲香味觸法布施。須菩提！菩薩應如是布施，不住於相。何以故？若菩薩不住相布施，其福德不可思量。

所以「無為」的狀態，
是一種帶有能力的境界。
是你看人，
已經有能力不是看到五官長相的美醜、
與穿金戴銀的身分地位，
而是比喻性地說：
你已經有能力看到
每個人的靈魂有一條纜線、後面連到一台主機；
並且你也有這台主機的帳號密碼，
可以進得去。

當你在這樣的「看見」去做事，

便會「無我相、無人相、無眾生相、無壽者相」。

你做了許多事，
卻感覺像是什麼也沒有做，
就好像你問天空說：
飛機有重量嗎？雲朵有重量嗎？
它會不知道怎麼回答你。

二、開悟是有層次的

須菩提言：「如我解佛所說義，無有定法名阿耨多羅三藐三菩提，亦無有定法，如來可說。何以故？如來所說法，皆不可取、不可說、非法、非非法。所以者何？一切賢聖，皆以無為法而有差別。」

初步的開悟，
你已經可以解碼眼前的電腦（眾生），
不會在那個組合出來的螢幕效果——
也就是各種「相」裡面，
去執著與迷惑。
而更成熟的開悟，
是從「度眾生」去開展出來的。

當你能夠解碼了以後，
更精通如何可以有次第的，

去進行幫助每一台電腦，
解除各類系統衝突的大工程。
這就是更成熟的
開悟的智慧。

例如你了解了一個人為什麼會生病、難過的原因，
但他不了解；
甚至於他有很多緊緊抓住
認為是對的事情，
其實剛好就是錯的。
那你要怎麼引導他
能夠一步一步地放手？
甚至於懂得聲東擊西，
幫助他創造出新的體驗，成功取代他舊的執著？
這就是更大的智慧。

然而在做了這許多事的同時，
你看到的
就是你做了一些系統重整的工作而已，
所以「實無眾生可度」。
達到這個境界，你就看到佛所看到的世界。
而在這之前，
「一切賢聖，皆因無為法而有差別。」
也就是開悟的層次，
便在於你對於那一台一台的
眾生電腦系統，
了解與能夠轉動的程度。
那將導致，
你對空性體證的深度。

三、日常生活中的「無四相」

須菩提！菩薩亦如是。若作是言：『我當滅度無量眾生』，即不名菩薩。何以故？須菩提！實無有法名為菩薩。是故佛說：一切法無我、無人、無眾生、無壽者。須菩提！若菩薩作是言：『我當莊嚴佛土』，是不名菩薩。何以故？如來說：莊嚴佛土者，即非莊嚴，是名莊嚴。須菩提！若菩薩通達無我法者，如來說名真是菩薩。

剛剛講的是很成熟的修行境界，
然而也有迷你的版本，
是每個人都可以在生活中去受用的。
你可以因為生活中的「無四相」，
讓人生輕鬆很多。

例如有些人做事總是會覺得：
「人家都在看我做得好不好」

「好希望我不會讓別人失望」
所以一整天工作下來，他就會覺得很累，
放假就好想找個沒有人的地方躲起來。

因為你在做事情的時候，
總是把重點畫在「自我」身上，
這就叫做有「我相」。
太在意這個「我」了，就沒有辦法在工作的時候，
進入單純做事的狀態；
內心小劇場一直消耗著你的能量，
結果也時常出錯、失常。

如果把重點畫在「感謝團隊」上，
你會發現，自己的焦慮感竟然消失了。
例如做一件事情的時候，先去如此思維：
「啊！這件事情要做成，其實無法單靠我一個人。」

「真感謝誰誰在背後負責了那些部分，所以我才能去執行我的工作。」
「達成這件事不是我的功勞，是大家的。」
當你這麼思考過一輪之後，
再去做自己的份內工作，
便會感覺是跟周遭的人，一起工作的；
你們是一起合力
在完成一個更大的運轉。

例如演員會看到燈光師、
燈光師會看到場記、
場記會看到幫他買來便當的人……
突然間
你就會打破那個孤立的感覺，
而有一種合一的親近感。
「好怕我表現不好」的焦慮情緒，
不知不覺已消失無蹤。

其實做事的時候，
容易對自己的表現焦慮的人，
表面上看起來很沒有自信，
其實是野心很大，
想要證明自己比大家更不凡，
所以相對的，
得失心就很重。
如果能夠去修「感謝團隊」，
就是在間接地修「無我相」了。
你會發現
自己心境變得更有愛，
表現反而更好。

*

接著，察覺你對人的評價
其實是看你跟什麼比較，
你就會對人，
開始有一塊中性的空間了。
這就是接近於修「無人相」。

很多人的生活充滿疲累感，原因之一，
是因為他們給予別人過多的負面評價。
例如有些人去日本玩過以後，
回來就一直罵台灣，
好醜、好髒、好沒有公德心……
結果增長見聞之後，
得到的卻是更多生活中的負面情緒。

其實也有日本人來過台灣以後，
卻深深愛上這個地方，

說好放鬆、好有人情味、好方便……
如果兩個角度你都去看過一遍、了解一遍，
甚至再聽聽住在台灣的美國人怎麼說？
澳洲人怎麼說？
印度人怎麼說……
擁有不同生活經歷的人，
是如何感受你所生活的這個地方？
你對台灣的看法就會變成
沒有評價，卻更有深度的了解。
既不能說是正面，
也不能說是負面。

那麼想想看，
如果對於周遭的同事、家人、朋友，你也是如此呢？
那麼很多負面的情緒就會拿掉了，
很多的包容就會出現了。

其實大家所謂的「很熟悉」，
就是一直站在同一個角度去看待的意思。
例如你覺得你的小孩比不上某家的小孩，
或是你覺得自己的小孩比人家強——
把一個角度，擴大成全部，
這就是製造出一個「人相」了。

這個「人相」會讓你一直產生固定的反應，
也會讓你一直看不到其他的角度。
那就像在這個全球化的時代，
也有人真的還活在：
日本人是侵略者、法國人很浪漫、印度人又髒又臭……
的想法裡面。
這些標籤，就是你跟世界互動時，
產生衝突與不順的原因。

所以減少對別人固定的印象、增加看事情角度，
這就是在修「無人相」了。
漸漸你會感覺到，很多事確實可以有改善的空間，
可是也有它的存在，
已經值得感謝的理由。
那麼這樣的心境，
是不是更讓你自己活得更美好呢？

*

日常生活中的「無眾生相」，
又是什麼呢？
請問：當你必須走進一座山，你是看樹？還是看路？
如果看樹，你會感覺恐懼：

「這麼高大、幽深的森林，好可怕啊！我行嗎？」
如果看路，你就會專心地沿著山路走，
甚至會發現路還不只有一條；
其實樹和樹之間，都可以是路。

所以一座山，
你可以說密密麻麻都是樹，
也可以說密密麻麻都是路。

那麼人生也是這樣。

每當你的人生往前走，你一定會遇見陌生的環境；
一所更高階的學校、一間更大的公司、
甚至是從未造訪的國度。
而你最直接的壓力來源，
通常在於看到那裡有

「一群你不熟悉的人」。

所以上台表演的時候，很多人會怯場、
團體討論時，很多人不敢表達。
因為眾多的別人，
讓我們感覺具有更大的力量、更多的威脅性。
可是職業的講師、專業的歌手，
因為他們知道什麼笑話可以讓大家放鬆、
什麼肢體語言
可以讓大家跟著他的節奏走……
所以他們不怕。
他們覺得，人性裡面都是路，
找到路，千軍萬馬也如浮雲一片了。

所以有很多人動不動就說，
現在的客人都怎麼怎麼，所以很難賺；

現在的孩子都如何如何，所以很難教；
現在的老闆都這樣那樣，所以很難做；
雖然他們的這些經驗是真的，
但是面對同樣的環境，能游刃有餘的人，
也有很多。
就像優秀的講者、有魅力的藝人、在不景氣裡面賺錢的人……
也一直都是有的。

成功的人都是專心找路，
而不是一直看著密密麻麻的樹。
而一旦走過一次那座山，下次再去走的時候，
他的心情就會變得輕鬆，
森林甚至變成了美麗的風景。

所以當你不由自主地將「別人」、「群體」
看得很巨大、很有威脅性時，

你要覺察到，
這就是被你心中的「眾生相」給籠罩了。
而這些「眾生相」是怎麼來的呢？
常常是從「別人說」來的。

你心裡面常常冒出來的「別人說」，
就是那座巨大的森林；
也是你已經被植入的「眾生相」。
於是很多你本來想做的事，就一直拖延；
不想做的事，又一直在做。
結果你的人生
變成一場迷失自己的密室遊戲。

所以很多成功的人都說：
他們也知道那些「別人說」，但是他們要用行動，
戳破那些迷思。

這就是接近在修「無眾生相」了。

其實想實現什麼，你就去做，
不要才走幾步路，就東張西望——
覺得環境怎樣、成功率有多高……
這些思想的背後，
就是「眾生相」所帶給你的情緒烏雲。
只要專心在當下遇到的狀況裡面，
一個一個去解決、
一個一個的去面對，
最後你就會成功。

而路走出來、目標達陣以後，
這些你大腦中的「人家說」
會變成什麼呢？
會變成一個被看穿的幻象，

會變成
一句玩笑話。

所以什麼是你現在就可以修的「無眾生相」？
就是不要讓心裡面的「別人說」，
成為你的「不可以」。
專心看路，這就是了。

＊

最後，什麼是你現在可以修的「無壽者相」？
就是不要把別人的生涯，扛在自己的身上。

有很多人因為很有責任感，
到後來那件他覺得很有意義的事，
反而做不下去、愈來愈想要放棄了。

因為責任太沉重了，
沉重到熱情消失、快樂消失了。

例如一個醫生，總是對病人很用心，
也熱愛研究臨床醫學。
可是也因為付出很多，病人如果不配合，
或疏於執行他的叮嚀，他就會開始生氣：
「我不是叫你不能再抽菸了嗎？」
「我不是叫你要按時去復健嗎？」

看到病人的病一直在反反覆覆，
沒能夠按照他的期望好轉，
他覺得自己花了這麼多心力，
都付諸流水，
漸漸就會覺得，面對病人好有負擔，
甚至看到某些病人，

自己胃都會疼。

有一些老師、社會工作者，或是有理想的人，
對於自己的學生、想要幫助的人，或是想要推動的社會改革，
也有同樣的沉重感。
當思及到這些人或事情的未來，
還有那麼長遠的路要走，
還不一定能夠走得到，
就會覺得自己能做的，實在是杯水車薪。

其實這樣的壓力與沉重，
來自於當你做事的時候，
活在「壽者相」裡面了。
也就是你無法活在當下，
只面對眼前的事情去做，
太看重那個結果了。

然而
這就等於想把別人的整個生涯
或一件事情的整個發展，
全往自己身上攬。

其實
一個人能不能療癒
以及所需要經歷的路程與時間，
是那個人自己的靈魂、自己的因果去決定的，
你並沒有那個權力。
所以當你想幫助一個人時，
只要幫助那個
當下你見到的他即可。

就好像你是一部電腦，就你可以在當下做的事，
去執行你的「幫助程式」就可以了。

至於他的明天、他下一次來找你會是什麼樣子，
你不必活在期待中；
放下你意圖背負著的那個「他」、以及他的未來，
這就是「無壽者相」。

所以「無壽者相」在生活層面來說，
就是「不要在意結果地去做事」——
當下做當下的事即可。

試想如果一個人的願景，
是幅由一萬片拼圖拼成的畫，
那麼和他在生命中偶遇的你，
也只能在相遇的這段期間，
貢獻其中的幾片拼圖給他而已。
沿路，
還需要有許許多多人事物，

再給他其他所需的拼圖，
那幅美麗的畫才能夠完成。

所以什麼時候完成？
會怎麼完成？
你必須放下、也無需記掛。
這樣你才能夠輕鬆，也才能夠永保初衷。
這就是「無壽者相」可以帶給你的禮物。

*

「無我相」、「無人相」、「無眾生相」、「無壽者相」，
其實都是在告訴你
「活在當下」。
這個活在當下，雖然是有做事的，
可是做完就做完了；

沒有要去證明自己好不好，
也沒有要去扛人家的因果。
如此你才可以永遠享受你的無牽無掛。

這也是為什麼佛在《金剛經》中，
不斷強調以「無四相」的了悟去行菩薩道，
才是真正的菩薩道。
因為這也是佛對你的愛；
祂希望發了宏願、想去度眾生的你，
知道怎麼做才能在千山萬水中，
保有那個一如當初、
單純而喜悅的心。

一個菩薩如果滄桑了，那就不是菩薩了。

四、兩極化，是地球教室的絕對

「須菩提！若有人言：如來若來若去、若坐若臥，是人不解我所說義。何以故？如來者，無所從來，亦無所去，故名如來。」

地球教室的特徵就是「兩極化」。
所以地球上的事情，
總會演變成「大者恆大，小者恆小」；
雖然物極必反之後，總會重新洗牌，
然而兩極化仍會再度重演。
如此循環，是地球上的絕對。

《奉獻》這部經典（註），
也曾經說過輪迴教室像是個「翹翹板」，
一直在四個時期——
上升期、失衡期、失控期、崩潰期

（註）請參閱《奉獻：打開第五次元意識，看見尊貴、美好的生活》一書 p.36~52 （章成、M · FAN 著。商周出版社發行）

不斷循環、週而復始。
這即是地球教室不斷奔向兩極化的意思。

存身於地球的兩極化現象中，
要不被其綁架、吞沒，
還能夠遊戲、駕馭，
就要一直在裡面找到翹翹板的中心點；
亦即學習平衡的智慧。
而維持這個動態平衡的智慧，
即是落實在現實裡的「中觀」（註）。

「中觀」所謂的「不生不滅、不斷不常、不一不異、不來不去」
是當你在實際人生裡，
每每用智慧去找到平衡點時，
會實際體悟的世間真相。

（註）佛教的八宗共祖龍樹菩薩，提出「中觀」是佛法最究竟的領悟。即萬事萬物的本質，是「不生不滅、不斷不常、不一不異、不來不去」）。

例如當你「失之東隅」的時候，
卻能夠從裡面
找到另一個角度去「收之桑榆」，
你的心就沒有來去。

又如在親子關係中，
當你知道怎麼拿捏彼此空間，
取得教養與尊重間的平衡，
你的孩子就會有一種，
既是在學習，卻又是獨立靈魂的感覺。
而父母也不會落入
「聽話」或「不聽話」的二分法裡面，
成天生氣。
你會體認到，原來真愛
就是不落入「一」——你讚同我才是有愛；
與「異」——你不讚同我就是不愛我

的二分法。

這些平衡可以由你個人去尋得。
你的心將處於沒有奔波感（即無來無去）、
沒有對立感（即不一不異）、
沒有「得到與失去」的起伏感（即不生不滅）、
也沒有「事情一定會如何」的重量感（即不斷不常），
而處於穩定的
寧靜與安詳的狀態。
這就是「如來」的真意。

但地球教室仍會一直向左或向右地，
在失衡的兩端來回奔跑。
因為集體意識是如此——
大部分投生到地球層級學習的人，
「兩極化」

早就是他們基因裡的「因與果」；
他們的程度在這裡。

也就是說，
失衡的認知與追求——貪嗔痴，
先存在於個體的靈魂身上，
才化現為集體文明的特徵。

五、人生若非「事半功倍」，便是「事倍功半」

現在，很重要的觀念來了。
由於你生存在一個不斷奔向「兩極化」的意識層級，
所以在地球上，
你立身處世的因果，
也只有「事半功倍」與「事倍功半」兩者，
並沒有中間值。
就好像俗語說的「不進則退」。

想像你在河流裡面，正往與水流相反的方向游泳。
因為只是徒手划，所以前進速度其實很慢。
漸漸，你沒有體力了，
雖然還在划著手，事實上卻開始往後退。
這就是時間久了以後，水中的你必然顯現的狀態。

同樣的道理，
你的生活因為你天天去上班
似乎有在前進，
可是時間久了以後，
卻會看出你的努力模式
放在這個社會「兩極化」的河流裡，
是事倍功半的。
因為不知不覺中
你的實質薪水已經倒退了十幾年。

所以為什麼有錢的人一直要更有錢？
有權的人要更有權？
不只是一般人以為的貪婪、不滿足而已，
也因為他們走上更激烈的競爭階層以後，
更清楚地體驗到
人類社會兩極化的本質。

「兩極化」，
其實就是人心裡面的「爭」
顯化出來的必然。
所以無論你喜不喜歡，
既然已經來到地球做功課了，
你就要在這個兩極化裡面，
學習如何駕馭這個「爭」，
找到你可以平衡、可以無念（中觀）的智慧。

例如，也許你要藉助一艘船，用馬達跑，你才會真的往前進。
或是你可以順著流先游到某一處，
然後跳上岸用走的；
更輕鬆，還節省時間。

也就是說，

你可以不爭、你不必變壞，
但也不能被社會邊緣化、被人家踩。
你需要有智慧去維持你想過的生活，
否則到頭來你很可能會在悲憤中，
失去你的善良，
慢慢也改變成為
另一隻豺狼虎豹。

所以想要解脫輪迴的人，
要有一個很重要的觀念：
你必須以「事半功倍」的方式做事——
這是必修，而非選修。
只是想不爭不搶、平靜過日子，
最後是會落入所謂的「弱勢」，
在裡面悲、在裡面滄桑，
在裡面質問神在哪裡？

甚至有的人，就會拋掉那個善了。

可惜，
大部分人都在做事倍功半的事。
例如大家都很努力地想從各種苦裡面解脫，
想有錢、想有權、想快樂、想自由……
可是愈做，身不由己的感受卻愈深。
「為什麼付出那麼多的忍耐與辛苦，只能得到那麼一點點的快樂？」
所以大部分的人，
終其一生都還在不甘心
以及「必須繼續追逐」之中。

而少數想要修行，
不想要繼續待在地球的人，
卻也一直在做事倍功半的事。
所以他的生生世世，還是在輪迴之中；

而且還被大多數忙於追逐、競爭的人踩過去。

所以，當你有一個念出來了，
請記得，你立刻就會碰上這個問題：
「這個念會讓我事半功倍，還是事倍功半？」
看見這裡面其實沒有中間地帶，
你就會做出更有覺的選擇。

當你總是能夠選擇
「事半功倍」的角度說話、做事，
平衡掉這個地球教室中
各種兩極化的擺盪，而可以去心想事成，
這就叫做「有智慧」。
那麼對你而言，
世界彷彿變成是平的——
別人認為的傾斜或顛簸，對你都等於如履平地。

那麼這個「等於」的心境，
就是「涅槃」。

你就會逐漸無念，
不再有情緒的
來來去去。
所以如來才會說：
不要看我外表的樣子——站著或坐著、
去哪裡又回來了——說這是佛。
那個一切的來去，都等於沒有來去的「等於」，
才是。

這也是佛為何
被稱為「如來」。

六、用「心」走入人群，方能修到「事半功倍」

所以，其實大部分修行人「想要的」，
跟真理是不一樣的。
他們想要平靜，想坐下來試著不想；
他們想要離苦，想閉上眼試著不要。
可是那個「等於」，
從來不會因為這樣而得證。
他看事情反而愈來愈「不等於」、
愈來愈跟這個世界分裂。

有「心」的品質的人——也就是有愛的人，
其實愈要往人群去走；
愈要去了解人群、普渡人群，
才能在幫助人的過程中，
完滿自己所需要的「入世學分」——

也就是那個能夠保持動態平衡的智慧；
完成脫離輪迴
需要做到的所有功課。

而做這些功課時，其實你是會
愈來愈在豐盛中去經歷這些學習的。
若認為遠離人群，
一簞食、一瓢飲，
每天持咒、禮佛、入定……
努力不要有欲念，
這樣最後就能夠脫離輪迴，
這其實是誤解了。
其實這跟一直想賺錢的老闆一樣，
只是執著地
在累積他自認為的「靈性財富」而已。
他只是一個

愛賺另一種「脫離輪迴的錢」的人，
而非真的修到了
脫離輪迴的智慧。

因為只想少欲少求、
少犯錯、少造業地過日子，
直到可以「上天堂」。
其實你的愛在很多地方，
也是怕麻煩、不願意去流動的；
你有很多自我保護的觀點，
其實也是沒有感謝的。
這裡面便有很多的「頭腦」，
而不是真的跟著心走，
所以你便一直無法完成脫離輪迴的功課。

但另一方面，大企業的老闆為了利益，

一直都想往人群走去，
他們要修的反而是要往「心」去走，
才能夠脫離輪迴。

所以為什麼人想要的幸福快樂，
到最後都難以達到——無論有錢沒錢？
關鍵就是因為
大家都有很多「習慣」，
會讓自己往頭腦走，而不是往心走。
於是就產生了「DNA反轉」——愈想要愈得不到。
這是連世界首富都如此的。

所以要找到「事半功倍」的途徑，
首先你要有心，
然後要能夠充分地入世。
這會是一個大修行的歷程，

讓你把你的各種念，
從事倍功半，一一調整成事半功倍。
你就會不斷地與這個世界的各種人事物，
創造出雙贏的關係，
不會「人善被人欺」，也不會「高處不勝寒」。
你會愈來愈豐盛，
並且讓跟你有所交會的人，都愈來愈好。
這就是「行菩薩道」。

反之，人若是沒有找到自己的平衡點——
也就是可以用你的事半功倍，去平衡那個兩極化，
你就會被別人的輪迴拉下去，
所以你還是會在輪迴裡面。

就好像很多人常說：
自己今天一天的心情，

就被早上老闆宣布的一個消息、

被兒子的成績單、

被婆婆的一句話，

給毀掉了。

如果這個世界上有這麼多的人事物，

可以一直毀掉你的好心情、

毀掉你想實現的願望、

毀掉你想照顧好自己的意圖、

毀掉你想保持的善與愛……

那你又怎麼能不輪迴？

所以你是要事半功倍？還是事倍功半？

這就是「因」與「果」，是很大的學問。

因與果其實就是個極端，

「合一」則是無，就是佛性的覺本身。

因此，是否你明白了？
睜開眼，
去學習「事半功倍」的智慧，
才是你的當下威力之點；
也才是你
「升天」的管道。

七、「看夠了」，就是「金剛般若」

「須菩提！於意云何？如一恆河中所有沙，有如是沙等恆河，是諸恆河所有沙數，佛世界如是，寧為多不？」

「甚多，世尊！」

佛告須菩提：「爾所國土中，所有眾生，若干種心，如來悉知。何以故？如來說：諸心皆為非心，是名為心。所以者何？須菩提！過去心不可得，現在心不可得，未來心不可得。

任何事情的對與錯，

你會去想它，

你會去爭論它，

只因為你沒有在裡面取得平衡。

例如當你在公司裡感覺被欺負了，

晚上躺在床上，

是不是腦子就在很多的對與錯裡面數算著，
不舒服卻停不下來？
可是這些「對」與「錯」
說到底，
就是你沒有在裡面取得平衡而已。
所以你要去看
為什麼自己的做法、觀念，
跟外界對應之後，會產生事倍功半的結果？
看見這個、重新去調整，
讓你的付出重新成為「事半功倍」，
你就不會去說對與錯了。

例如很多明星一開始都是自己站到幕前，
但是後來為什麼
總會跑到幕後擔任製作人、
或是開經紀公司？

因為時代是有它的決定權的，
他們不會一輩子都走紅。
所以到了一個階段，跑到幕後，
才可以事半功倍。
當他們在幕後也可以賺大錢的時候，
他們就會覺得，
時代並沒有對與錯。

反之，一個人沒有辦法往上走，
卡在一個地方一直事倍功半，
他就會折損，
久了以後便很容易抱怨一切。

例如有的人覺得，自己的眼光與能力
可以與某些檯面上的人物匹敵，
然而自己卻坐不上那個位置，

他認為很不合理；
慢慢地就變成酸民，在裡面憤世嫉俗。
其實這是因為，
自己還有很多「念」轉不過來，是沒有人家「清楚」的，
所以他無法上位。
但他不懂，就只是覺得很挫折、不服氣，
於是從他的眼光看出去，這一路上，
就有著許多人對他的辜負、
有著許多人對他的「現實」。
而他就會抱持著他認為的「對與錯」，
繼續在現在這個層次事倍功半。
直到他連這個層次也守不住，
掉到更低的層次。

倘若掉到更低的層次以後，他依然故我，
那他就只好繼續沉淪下去了。

反之，如果他願意反省，
能調整自己的觀念，開始去做「事半功倍」的事，
他就一定會脫離原先的層次向上走，
不會變成酸民。

當然上了一個層次，
又會遇到這個層次的功課。
例如你晉升到更高的職位，雖然有更大的決定權，
可是現在又會遇到更大咖的人來壓你了。

然而
只要你願意繼續提升自己的智慧，
一直找到事半功倍的觀點去破關，
你就會一直、一直走上去……
直到你「看夠了」，
就完成了地球的功課。

「看夠了」是什麼意思呢？
比較像是：在你眼裡
錢就不再是錢了；
你會知道，你的智慧才是一切。

例如那時的你，
選擇在海邊租個小房子，過上你喜歡的生活方式。
可是需要錢的時候，你是可以馬上創造出來，
不會變成繳不起房租、被房東趕來趕去的人。

又例如
你在海邊住小房子的時候，有不好的鄰居想跑來騷擾你。
你便能夠找到「事半功倍」的方法，
輕而易舉地消弭這騷擾；
甚至搬走的是他，不是你。

那麼你的心，
就一直會是一抹微笑。

所以人真正的寶庫
是那個「看夠了」的智慧，
不是錢——
錢根本不是問題。

也就是說，當你的智慧真實了，
錢就虛幻了，想要，你就可以創造。
就好像有個人不想當上班族，他在網路上刊登說：
「任何人有什麼事需要人陪，我會什麼都不做，只是在旁邊陪你，
然後按鐘點計費。」
結果他的收入就這樣創造出來了。
還有人利用區塊鏈的特質，標售了數位創作，
只花幾個月，賺的錢此生已經享用不盡。

當然錢不見得可以帶來幸福，
只是讓大家比較好懂：
凡事當你運用智慧，
原本看似實在的東西，都可以變得虛幻；
看似虛幻的，也可以變成真實。

其實，所有的事情本來都是虛幻的。
可是當你選擇的是「事倍功半」的運作時，
你就看不到，
你會覺得眼前的障礙如泰山壓頂般真實，
壓得你喘不過氣來——
這就是所謂的「一毛錢逼死英雄好漢」。

然而當你在人間的智慧成熟圓滿，
你就會在各種人心的領域中

「事半功倍」的做事。
那麼除了錢
不再像以前那樣給你「錢」的真實感、重量感，
其他的一切亦復如是。
你會看到人心所促成的一切，
所謂「人間的現實」，
全是虛幻的、很容易再創造的。

所以「看夠了」
就彷彿你終於爬上數千公尺的山巔，
本來在頭頂上籠罩著你的雲，
現在全在腳下，
你都能看得清清楚楚了。

這些一直在變化著形狀的雲海，
就是這個世界無量眾生的心，

所幻化出來的種種現象。
以往它們似乎比你巨大、
並充滿真實感地籠罩著渺小的你；
然而現在，
你已經在更高處俯視著它們，
只要稍微一望，
便知道它們會如何變化了。

所以即便這些雲霧，
已經堆積得像一座山那麼高，
或湧動得像一片海那麼廣，
你也明白，
那個山與海，
都是虛構出來的；
都可以魔術般地吹散與重組。

所以
無論剛剛消逝的雲、現在正在展現著的雲、未來即將構成的雲
其實撈不到一點什麼實質的、
不可動搖的東西。
所有實相都是虛相。

所以所謂的「過去心不可得、現在心不可得、未來心不可得」
就是轉個彎在告訴你：
「都可以」。

那麼，當你的「看夠了」，
讓你走到這個「都可以」(註)的時候，
它就是「金剛般若波羅蜜」——
無堅不摧的開悟了。

(註)更深度地了解其中意蘊，可延伸閱讀《都可以，就是大覺醒》一書。(商周出版社發行)

八、有智慧，就會在人生中唱歌

若有人言：如來得阿耨多羅三藐三菩提。須菩提！實無有法，佛得阿耨多羅三藐三菩提。須菩提！如來所得阿耨多羅三藐三菩提，於是中無實無虛。是故如來說：一切法皆是佛法。須菩提！所言一切法者，即非一切法，是故名一切法。

很多人覺得他一直在給別人好的東西、
一直在為他人著想，
可是人家卻不懂得珍惜他——
用完就丟、過河拆橋、有更有興趣的事就拋棄了他……
當這些經驗一再重複，
他的心有一個部分就壞掉了，
就不再能夠那麼快樂了。

這其實是因為，雖然你是出自善意去做事，

可是整體來講，你還是一直在做事倍功半的事。
也就是
雖然在你熟悉的部分你一直有去做，
但因為你的觀念，
有一些角度你也總是沒有去做，
造成了那個事倍功半。

例如你在家庭中很受苦，
這裡面就是有一種事倍功半的不平衡——
我付出那麼多，為什麼不被珍惜？
我明明有去愛，為什麼不被愛？
然而你所謂的「付出」
可能在某些時候，
對別人而言是一種負擔與剝奪；
而你認為的愛，
其實也有你沒有看到的自私的那一面。

例如真正的付出，不是都去幫人家做好好的；
很多時候放手不做，才是真正的付出。
所以「所謂付出，即非付出，是名付出」。
而想著
「孩子不是我的，他是個獨立的靈魂」的父母，
反而比想著「這是我家小孩」的父母，
更能活出大家嚮往的那種
父母親的愛。
這便是
「所謂『父母』，即非『父母』，是名『父母』。」

會做事倍功半的事，
都是因為自己的觀念沒有跨越。
跨越了既定觀念，
你就會明白《金剛經》

「所謂……即非……是名」的意義。

又好像你拿了一大把花回家，
嚷著找不到去年買的那個花瓶。
學過花藝的妹妹，
卻把單人用果汁機拿出來裝了水，
變出了一個
「春天的 juicy 花園」的花藝作品。

所以所謂的「花瓶」是什麼呢？
當你把握初衷，反而能夠超越既定；
當你超越既定，反而能左右逢源、迎刃而解。
左右逢源、迎刃而解，
就成了「事半功倍」了。

因此立意善良的你，

看見「事半功倍」的作法，並且選擇它，
你反而會更加領悟
真正的付出是什麼？
真正的愛是什麼？
於是突破自己原先的因果糾纏。

所以人的困境，
都是困在他原先的「所謂」裡面。
只要顛覆你的所謂，
活路就誕生了。
然後回看過去，你就會發現
之前一直在做「事倍功半」的事，
難怪一直在裡面受傷與挫敗。

很多成熟的企業家，都對此有深刻的體驗，
所以他們對於很多事，

早已超越了非黑即白，
也更懂得處世的遊戲三昧。
相對的，
那些還在說文解字的宗教師，
早已落後他們的智慧太多。

所以從「事倍功半」變成「事半功倍」，
這其中必然對自己有所顛覆、有所開悟。
而最後你會明白，
萬事萬物，都只是「所謂」而已。
這樣的你，
雖然也是一直在做事，
你的心就會唱歌、
你的念就會一直在解構，
直到脫離輪迴。

九、無懼的生命、無盡的雙贏

所以《金剛經》就是在講，
對生活中各種「所謂」的反省；
解構觀念、解除滯礙、
淬煉出智慧的過程。

而這個過程的第一步，
是你必須很入世的，去看見「真實的世界」。
而非用你的觀念——
也就是用你的「應該」去看。

例如這個社會很多的法律，並不是那麼完備，
甚至有些其實是侵犯人權、或是為某些利益團體服務的，
還有更多法律之外的潛規則……
所以這些法律規定的背後是什麼？

那些潛規則的緣起又是如何？
這些「真實的世界」你都要能夠了解，
了解之後你才能夠明哲保身；
同時知道在自己的相對位置上，
能夠做到什麼樣的程度？可以怎麼做？
如此
你面對事情就能夠有對策，又知所進退。

你看官場上，很多官員的面相都很不好，
為什麼呢？
因為他們只是處在「人在江湖，身不由己」中，
並沒有真的淬煉出能夠駕馭這個江湖，
並且把他們從政的初衷、理念
推動出來的智慧。
他們甚至還必須去同流合污，在裡面低頭下跪，
才能夠有點生存空間。

因為他們也被他們很多心裡面的「所謂」，
給牢牢困住了。

所以唯有你的智慧提升，
能駕馭別人所謂「社會不公不義」的狀態，
同時在裡面創造出「利己利他」的豐盛，
你才會從對這個世界的「悲」裡面，
脫轉到「慈」。

也就是說，
這個世界不但不能影響你、傷害你、欺壓你，
你還可以借力使力地，在裡面推進你的理想，
那你就「反敗為勝」了。
你的心中就不會一直有那些受傷的情緒，
想要跟這個世界對抗。
反而你會看出：

這個世界真的是一個很大的教室！
人生真的是一個很偉大的學習過程！
很感恩我可以通過這個歷程的淬煉，
成為一個無懼的生命、
創造無盡的雙贏。

第二章　金剛境地的開悟者，所看見的真理

是故須菩提，諸菩薩摩訶薩應如是生清淨心，不應住色生心，不應住聲香味觸法生心，應無所住而生其心。

一、沒有預設，只有決定，才會「無來無去」

《金剛經》在告訴你：

我們做任何事情，沒有預設。

比如你在馬路上開車，前車開得很慢，

有「預設」的反應就像：

「現在上班時間，你這樣開車很不對耶！」

沒有預設的話，你的想法就會像是：

「他開得很慢，但他有他的路權；我是後到的人，我要尊重他。」

所以……

「他做了他的決定，我再來決定我的。」

於是你找到一個安全的時機，就變換了車道加速前去。
但在這個過程中，
你都是心如止水的。

預設，就是覺得「你應該要如何如何」。
這時候你已經在那個「預設」裡面受傷，
而有情緒了。

可是別人是一個獨立的個體，
他想要對我怎樣、他想做什麼樣的人，
那是他的決定，
不是我能夠預設、也不是我能夠代替他去
「定義他自己」的。

所以任何人做了他的決定之後，
你就只是
「換我做我自己的決定」。

了解這個，
就能體驗到「無來無去」的意境了。

相對的，
許多喜歡談禪論佛的人所說的「無來無去」，
只是用來顯示自己的超越，
可是在其中，他沒有決定，亦沒有有效的行動。
就好像一個明明被綁架的人，正被別人牽著走，
卻在繩圈裡面高談「無來無去」。
那只是一種阿Q精神；
甚至是一個膨脹自我的宣稱而已。

二、設定，是你虛構出來的公平

有正義感的人，
對這個世界會有很多的「應該」。
然而一旦你用這些「應該」
去和當下那個實際的人起衝突的時候，
你是在和一個
「其實你還不了解的宇宙」糾纏。
因為每一個人
也是一個小宇宙。

你認為在他裡面的星球，應該要像你認為的那樣運行，
其結果就是，
你自己的宇宙跑出好多混亂。

因為那些「應該」而造成的

在你內心互相拉扯的念頭，
就像相互擦撞、衝突的隕石群，
把你內在宇宙的和諧破壞。
而夜晚
入睡前關不掉的思緒跑馬燈，
就是這些災情的重複刊登。

所以你要找到你心裡的「佛」，
祂沒有那些「應該」的「念」，
只有「尊重對方的決定，再做出自己的決定」。
而所謂的「應該」，
其實那就是「自我」——
就像孩子還小的時候，總以自己的想要，
為他世界的中心。

「應該」，也就是「設定」：

在你的批判、你的不讓，以及你的情緒裡面，
常常有很多自己的設定。
例如你嫉妒人家含著金湯匙出生，
認為你比人家努力，應該得到更好的位置……
你說：某人明明沒有我有能力，為什麼我必須聽他的？

那麼你就不了解
人生其實就像一輛火車，
你會在某個點上車，又會在某個時候下車。
而其他人也是這樣
不斷在上上下下，以及改變座位。
靠窗的座位空出來了，就有原先站著的人跑去坐下；
旁邊的乘客很吵，又有人乾脆起身去別的車廂……

所以因為各種的因緣，
你剛上車的時候，車廂內已經有了一個現狀：

甲坐在某個位子、乙坐在某個位子；
而丙明明比丁早上火車，現在卻是丁坐著，丙站著……
既然這些現狀是有因有果的，
那就不是才剛從這一站上車的你
所謂的「公不公平」。

所以理想化的情形
雖然是「長幼有序」、「先上後下」等等，
然而有比這些「應該」
更優先的東西，
稱為「仁」。
「仁」就是會把任何事放在脈絡裡面去看，
不死守於觀念。

「仁」也是從觀念或規則的本意裡面去了解，
然後去實踐那個「本意」。

這才會接近於你說的「公平」。

意即「仁」，

其實就是「應無所住而生其心」的社會公民版。

三、別用你的「對」，去創造地獄

例如，高速公路速限一百一十公里。
所以你就開時速一百一十公里，然後長期占據內側車道。
其實你明知，內側是超車車道，
可是你的頭腦說：
「我已經開到最高速限，誰也不應該更快，所以我沒有錯。」

然而，去了解「超車車道」的本意，
你就會知道，
必須保留一些空間，給一些緊急的、無常的，
需要超車才會安全的人。
在這些狀況，超速也不是錯的。
這就是為什麼
即使道路訂有速限，
執法人員也都會抓出一個

允許超速的範圍，
不會去取締。

因為生活是一盤撞球，各種變數連環碰撞之下，
很多事情不能完全在掌控之中，
所以儒家所說的「仁」，
就是要回到這盤撞球，
去思考人在無常中的實際需要。
而回到這裡面去思考，你就不會用所謂的規則說：
「哼！我又沒有錯。」

因為「規定」的彈性，
必須保留給那些
「會有需要」或是「會有誤差」的狀況。

超車車道，就是從「有超車的需要」來的，

所以若你認為的「對」，剝奪了別人可以應變的需求，
例如內二車道突然發生緊急狀況，
有車子必須立刻加速切到內側車道，才能避免危險。
難道你要說，
為了避難所以車速超過一百一十公里，
也是錯的嗎？

這麼說，如果有三輛車並排，占據所有車道，
只要開到最高速限，
也是可以的了？

所以
那個不讓人超車的「你」，
與願意讓人超車的你，
是一個在創造地獄，一個在創造天堂。

而會這樣理直氣壯說「我沒有錯」，去創造地獄的那個你，
其實是內心有受傷、有不滿，
才一直在「設定」——設定很多的應該；
然後用這些「應該」
在人生裡面插別人刀、插自己刀，
不是嗎？
這些刀，其實就是情緒。
而這位「插刀者」，
明明活得充滿情緒，還是覺得自己很對、很有道理，
這就是「正義魔人」了。
其實，
這些「有道理」，
正好就是「沒道理」。

四、「道理」即是你執著的名相

這個社會，在你出生之前，早已存在了；
有很多因因果果，構成了你現在所看到的現象。
所以你要去講的「道理」，應該是屬於
「讓你有能力創造你要的未來」
才有意義。
如果你的道理，
只能用來憎恨你所看到的現在，
那是「沒有道理的」。
更何況，你的道理，
很可能只是你沒有從「仁」裡面，
去看見別人的脈絡與需要。

社會在你出生之前，也早有許多潛規則了。
例如有去打點送禮，人家就是會對你比較用心；

會吵的小孩，確實很多時候也會比較快被安撫。
這就是「道理」之外的「道理」，
也就是太極的「白」與「黑」。
兩者你都要懂，你想轉動的事
才能夠轉動起來。

而透過轉動黑與白所帶來的了解，
你很多的「自我」就會剝落，
很多的設定就會消失、
很多的情緒就會不見。
你就會一一破除自己的虛妄想像——
也就是你固執的那些「對與錯」，
走向脫離輪迴。

五、智慧愈高，就愈會「讓」

所以

甚至可以這麼說：

你來地球，就是來了解人世間的「潛規則」的。

你愈不了解、愈執著於你的「白」——也就是你成天在說的「應該」，

你就愈會有情緒、愈會受傷；

甚至於其實，你也愈會是

那個一直在讓別人受傷的人。

反之，當你愈了解

所謂的「法律」以及「道德」之外的「情理」，

你就愈會有「仁」

——知道如何運用「情」、「理」、「法」的先後順序，

在裡面變成「無為」而且「無我」。

所謂的無為，就是你不會陷入對抗；
所謂的無我，就是你不會只站在自己的立場。
而這樣的「無為」與「無我」，
其實就是最大的「愛」與「包容」
以及「等待」。

能夠這樣的人，他就會開展出「慈」，
而不會落入對人間的「悲」裡面。
想想看，會占據著內側車道，
在心裡面說：「哼！我沒有錯。」的人，
是不是其實是活在「悲」裡面，
才會有這樣的行為的呢？

所以你要怎麼開始去領略由「悲」轉「慈」的心境？
你可以試看看，
只要有人要超車、甚至逼車，

你就是去讓。
之後，看看你開車的心境是不是變得更喜悅？
開車的危險性是不是降低了很多？

你還會發現
那些一直逼別人車、一直在鑽來鑽去的人，
其實神色都很緊。
你還會發現，冒了這麼多險、把自己繃得這麼緊的他，
到最後，
只不過在你前方幾十公尺而已。

六、你面對的都是「因果」，不是「對與錯」

麥當勞從有一年開始，改成了
顧客用完餐要自己把餐盤回收，
還要自己做垃圾分類、處理廚餘。

有個人很反彈，認為
企業把部分工作轉嫁到客人身上，減少人力的雇用，
價格卻還是一樣。
溫水煮青蛙的結果，對社會的演化不利。

於是他決定反制：每次用完餐後，堅持不收餐具。
終於有一天，有店員發現，前來勸導了。
他心裡對大企業的不滿，瞬間遏止不住，跟店員吵了起來，
最後當然是兩敗俱傷。
可是他原本想保護的，不就是基層的員工嗎？

結果現在，他卻是跟基層員工在互相傷害。

其實，如果不認同那家店的方式，不去就好了。
如果大家都不去，那家店也會倒。
你也可以把自己的理念寫成文字，
放上社群媒體，提供大眾思考，
呼籲大家不要去助長沒有理念的店家。

可是如果你不去，別人還是要去的話，
就表示有另一群人，是要它存在的。
那麼這裡面
便一定有它的脈絡與道理。
也就是說，
一定有它的「因果」，
不是你說它「不對」，
就能夠處理的。

就像這樣，每個地方，都有每個地方的潛規則，
以及生存方式。
你如果進去了、遇上了什麼，要記得：
你的「對」、「不對」，始終只是為你帶來情緒，
卻常常是派不上用場的。
這就是為什麼人生要學習智慧。

否則你的人生，
就會一直在生氣，一直在說：「又來了！」
最後變成玻璃心，只要發生一點點摩擦，
過去累積的一切情緒，都會疊加在現在的這個事件上。
到後來，
有的人甚至會沒有辦法跟這個世界相處，
變成了致力於反對這個世界，
自己也愈過愈差的狀況。

你看一些很有正義感的人，
到後來都是生病得很厲害；
還有一些很有理想的知識份子，
一開始聲望很高、也一直想往上爬，去實現理想。
可是他爬上去了以後，
看到的是「天下烏鴉一般黑」，
他就不斷落入那個「悲」裡面，
在悲憤當中愈陷愈深，
最後也生病了。

其實那個他說的「一般黑」裡面，
如果有慧眼、有更寬廣的格局，
是可以看到更多層次的黑與白的。
如果看得到這些，
他就不會在悲裡面，

而會在「了解」裡面，
有智慧地去運轉與等待了。

可惜他們通常不是如此，
總是習慣於用自己的「設定」去強化那個對立，
一直用很多「對與錯」的刀
在插自己。

可是他所制定的各種評斷他人的標準，
也會變成他要求自己的枷鎖。
因為他必須證明自己，
不是自己所批判的那些人。
於是他活得很辛苦、
施展不開又很憤怒。

例如有人覺得真愛應該是無條件的。
結果當他的付出，

被某些人一直無度地索取，
他也就說不出那個「不」字。

其實那些歌頌「無條件的愛」的人，
讚揚你的愛，就是他們向你勒索的巧妙方式。
因為他們沒有長大，
只想要而不想給。
然而他們自己，
也會在某些你不知道的角落被勒索著。
例如一個重度憂鬱症的媽媽，
勒索一個中度憂鬱症的女兒；
中度憂鬱症的女兒，結交了男友，
又開始不自覺地勒索著這個男人；
於是這個男人，
也漸漸變成了輕度憂鬱症。

所以人的辛苦，
是自己的設定給的。
所謂「命運的鎖鏈」，
就是有著相同設定的靈魂，以不同位置的角色，
一個折磨一個。
當然，這其實也是幫助你去從那個苦裡面，
清除自己的那些設定。

總之，如果你真的想了解「一切」，
你反而先不要去動它，
你才會了解。
這也是「無為」的另一種意義。

若你一直有情緒地，
在人世間衝撞，
你活到一百歲、

經歷再多次輪迴，
你還是不了解。

七、活用觀念，而非破除觀念

最後，
有一些人強調覺醒
就是破除一切觀念。
他也是用這個觀點來解讀《金剛經》。
然而，
如果你之所以破除觀念，
是為了想要掙脫觀念的束縛，
平衡你在社會當中累積的不平衡，
那這個動力是「悲」，
你還是會落入悲裡面。
你的破除裡面，會沒有愛的芬芳；
比較像是持一把高冷的劍，
成天對著自己和別人揮舞。

如果你的初衷是由愛而來，
愛會帶著你創造，
在創造中自然而然地破除觀念。
但這個破除裡面，
就不會排斥在相對位置上，
可以幫助人們變得更健康、更有覺的觀念。
這才是「應無所住而生其心」。
這兩者，
可以說是學佛者的分岔路，
一念成魔，一念成佛。

第三章　金剛境地的開悟者，修行的起點

爾時，世尊而說偈言：
「若以色見我，以音聲求我，是人行邪道，不能見如來。」

一、向自己求，就能進入無限的創造

《金剛經》到底是在講什麼？
就是兩件事，
第一：你可以完全看到情緒、穿越情緒，
然後沒有情緒。

這個過程是：
先了解了你的情緒，
接著擴展視野與智慧，你就穿越了情緒；
穿越了情緒，
你就不在「悲」裡面，
變成了「慈」。

在這個同時，你就會突然看得到，
原來你就是那個「佛」。

第二：人人都在拜佛、向佛求；
但當你明白「人人都可以成佛」的那個「佛」是什麼，
你就可以開始向自己求。
你可以拜你自己、希望你自己可以給你自己
你所想要的東西。

當你的明白到這個階段的時候，
你的世界是完全不一樣的，
你的心念確實能夠創造實相，
你就會是人生的創造者。

同時，你會沒有恐懼，
因為你很了解你自己的這個「佛」，

知道祂的光明。
這份無懼並非狂妄，而是很祥和地，
呈現出安定與穩定，
就像你們到寺廟裡面所瞻仰的佛像一樣。
而你也知道所有的「心想事成」，
都可以在這個光明中去完成；
你會在愛中，想去向這個光明
求那個更大的創造與擴展。

這就是《金剛經》想要你去完成的開悟。
而《金剛經》就是這個淬煉的過程。
當你經過《金剛經》的淬煉，
你就會知道，
什麼叫做「向自己求」。
這完全不是自大或自我膨脹，
而是開悟；

你自己就是那個光明、那個涅槃、那個平安。

當你自己跟自己求的時候，
你就有資格進入無限的創造。
而這個「無限的創造」最明顯的徵兆，
就是你不會有恐懼、不會有不甘心、不會有埋怨與壓抑。
也就是任何用來形容負能量的詞彙，
都與你無緣、也無法沾黏在你的身上了。
這就是成就了「金剛不壞之身」。

這個「無法摧毀」的「金剛不壞」，
還包括了另一層含義：
你知道在這一世的肉身毀壞之後，
你就會完全離開輪迴了。
所以你還在地球的時候，一切體驗
全部變成喜悅的——

是真正從內心深處透出來的喜悅。

二、穿越情緒，看見佛性

須菩提！忍辱波羅蜜，如來說非忍辱波羅蜜，是名忍辱波羅蜜。何以故？須菩提！如我昔為歌利王割截身體，我於爾時，無我相、無人相、無眾生相、無壽者相。何以故？我於往昔節節支解時，若有我相、人相、眾生相、壽者相，應生瞋恨。

《金剛經》在實修的意義上，是以穿越情緒為起點。

因為當你無法穿越情緒的時候，
你就看不見自性佛，
而變成了一個渺小的「人」；
你自然而然會去外求別人、或外在的佛。
可是每當你可以穿越情緒，由受害者的「悲」，
轉為創造者的「慈」的時候，
你就會在那個穿越裡面瞥見
人人都可以成佛的「原因」。

一直累積這樣的瞥見，
有一天你就會很清楚，
「人人都可以成佛」是真的。

那麼你就會知道，你本來的來處——
所謂的「自性佛」
就是神聖的。
那你就可以向祂求了。

高層次的通靈者，
那些真正的高僧活佛，
都有穿越過情緒的自己，而看見那個神聖。
只是能否永恆，
還是又被拉回到人格層面裡去而已。

所以當你面對人生的抉擇；
例如出了社會，面對很多誘惑與打擊，
你會選擇秉持一顆善心，仍然做人家認為的傻子；
還是臣服於自己的貪瞋癡，開始隨波逐流？

有一些人，一路都選擇穿越情緒的自己，
這些人就會看見那個神聖，並且愈來愈清晰。

其實人在貪瞋癡的時候，雖然有時憤怒、有時傷心欲絕；
但有一個自己總還是想要
能夠回到愛，
只是不知道該怎麼做？

例如你跟你最愛的人吵架了，心裡覺得很苦、很難受，
你的心會有一個聲音說：
「我想靜下來，我不想要事情變成這樣，但我的頭腦好紛亂！

我該怎麼辦？」

這還是有一個「你」在那個「境」裡面，
面對著情緒的漣漪，
似乎被這個現場所包圍。

而「佛」的意境像什麼呢？
就像是讓自己直接進入到，
去照顧那個正在情緒的地獄中掙扎的，
對方的需求。

「佛」就是不會去考慮自己的平靜，先去照顧人了。
而在那個「去照顧人」的「Doing」裡面，
他已經是寧靜的。

佛的重點都會在照顧對方，所以祂是無我的，而這樣的「無我」就是「神性」；
他並不是在情緒中說「我要平靜」，
而是直接去聆聽對方、照顧對方。
這個過程結束之後，他並不覺得什麼，
只是目睹了這個過程。

但另一方面
他也是溫暖、有愛的；
因為他深知如果沒有這樣去照顧對方，
那個情緒的雪崩，會是什麼樣的地獄。
所以照顧完了對方，他是感謝的，
感謝對方也跟隨著他走出了情緒，
而沒有去創造地獄。

所以他雖然是那個先去付出的人，
可是他卻不是感謝自己，

而是感謝對方、感謝這一切。

還在世的活佛，就是這樣在處理事情的。

三、「對與錯」的實在感，背後就是情緒

人能夠開始「超越情緒」，
是因為他從生活中大大小小的事情裡面，
重複觀察到一個真相：
每當心有所住——
跑到「論對錯」的思考方向去時，
你就開始苦了。

在生活的各方面，婚姻、家庭、職場……
你要一直觀察到：
遇到情緒，人就會開始鑽在對與錯的思緒裡面，
卻又是多麼受苦且無用。
這樣今天聽到這樣的佛法，
你才會欣然接受。

所以道理聽起來容易，可是遇到實際的事情，
你的預設很強、你的「對錯」充滿實在感，
你就過不了這一關。
你便總是心有所住，而生其心。

彷彿被一棒打昏，你就立刻迷失了；
你被情緒綁架到地獄的戰場上，
連同你的佛法也被綁架到
你想要的解釋裡。

在那處戰場上，
你認為你是在為了某個對的東西而戰，
可是實際上是被情緒控制，
吃不好也睡不好。
接著事態便像宮鬥劇那樣一直演下去，
你就在裡面讓損失、不甘心的情緒一直累積……

所以你可以問問自己：
既然有損失了，那麼接下來，
你打算多少時間以後開始開心？
一天、三天、十年……
還是一輩子？

會認真這樣問自己的話，
人生大大小小的開悟，
就會來了。
不會認真去回答自己這個問題的話，
輪迴也就是這麼來的。

而鬼就是連死了，
都可以繼續不甘心下去。

所以「鑽牛角尖」這個形容是很貼切的。
牛角尖那麼小的一個點，
他都可以一直在上面較真、一直縈繞在那上面，
彷彿世界上其他的事物都不存在了。
例如有的老人家，
明明晚年過得很好、衣食無缺、兒女也平安健康，
可是逢年過節，他就一定要在大家面前哭那一回，
說以前年輕的時候有多苦……

明明現在全家人就屬他最有錢，兒女還會給孝親費，
他就是捨不得花；
永遠在講抗戰的時候有多慘、有多缺。
其實這就是一種「鬼」的狀態。

如果他現在有去把自己過好，有給自己滋養和豐盛，
他根本不會再去哭著講那些過去，

還會一百八十度地，
覺得過去的際遇讓他更感謝現在的一切，
所以連那個過去，
也值得感謝。

一直存錢捨不得花的老人，
就會一直覺得自己很可憐。
因為他的人生真的還在那個「沒有」裡面，
在那個「匱乏的地獄」中輪迴。
於是他講的話，
也會一直在同一種沉重的模式裡面跳針，
讓子女想逃。

人家看他明明有房有車、孩子也都成家立業，
可是他的心情迴圈，竟然還像在地獄裡面一樣。
所以如果因為疾病、或出了意外，他死了，

他真的就會變成鬼，
一直在家裡面的某一角繼續哭訴：
你看我以前有多苦、
我這一生有多苦……

其實這一切的原點是什麼？
就是那個「不甘心」。
但那個不甘心也只是一個情緒，
只不過他決定跟著這個情緒，
走完他的一輩子。

所以《金剛經》的開悟，
是要從你的情緒去參究的。
因為當你完整地明白情緒的迴圈，
你就會清楚地看見：
所有的設定、觀念，

以及依照著其後的執念，所開展出來的一切人生劇碼，
其實都是夢幻泡影，
白苦一場的。

所以你要從地獄走向天堂，
不用一階一階爬得那麼辛苦，
你可以直升上去。
《金剛經》就是這麼一部
佛法中的電梯。

四、愈「有時間」的人，愈有創造力

當你可以從情緒裡面去開悟人生，
就沒有什麼事可以擾動你的心境，
這就是「金剛」。

而最堅硬的金剛，
剛好就是你的心到後來，
只剩下「慈悲」——
你可以去「慈」天下眾人的「悲」。

而「慈」就是「你可以有時間去等待」。
只要你對別人都可以「有時間去等待」，
自然地，
你就不會把自己的那些「設定」——
那些好與壞、對與錯、應該與不應該……

看得那麼重。

而有時間去等待，最大的受益人是誰？
是你。
你會發現，寬鬆與安詳的心，
是買再貴的機票也去不了的度假天堂。

有人問：
這會讓我變得消極，失去創造性嗎？
剛好相反。
這份「有時間」，會讓你看到更多你原本看不到的，
所以你會有很多的反省、調整，
甚至於因此而看到很多的感謝。
於是你的創造能力、以及想創造雙贏的動力，
反而比以前更大了。

以前你沒有「慈」，只有「悲」的時候，
做人處事你都是急切的、批判的、硬碰硬的，
因此常常看不見感謝、
看不見那些你所批判的事物的貢獻。
於是你會有一種「緊」——
一種常態性的武裝、與廣泛不信任的感覺。
而你在裡面的「努力生活」，
都是為了「做給別人看的」。
可是那不叫做創造，
因為你的心在枯萎。

當你真的去看到生活中
種種令人感謝的角度的時候，
你的心就會有愛了；
你的能量就會開始流動，想要去愛。
而什麼是創造？

當你意識到別人愛你，而你也願意去愛他的時候，
那個「想去愛他」，
就是創造性。

所以當你會想去愛某個人的時候，
創造力便在其中了。
這個創造力，就會把不可以的變成可以；
也就是你會接近《都可以，就是大覺醒》那本書裡面所講的，
那種「都可以」的創造狀態。

我們在《心經》裡也說過：
奇蹟，是屬於為別人著想的人。
所以內心有慈，你的等待並不是什麼都沒有做，
而是跟著你的「覺」與「愛」，
你自然會有靈感，告訴你可以怎麼做。
而那樣的做，才是對事情長遠的發展，

真正有效、真正有益的。

然後，在這份「可以等待」的默默付出當中，
你也會漸漸看到：
原來這世界也有好多人以同樣的方式，在為我付出，
所以我才可以有今天這樣的生活；
才可以從我的這一刻，
去到我想去的下一刻。

五、成佛之路，就是走向無止境的雙贏

須菩提！在在處處，若有此經，一切世間、天、人、阿修羅，所應供養；當知此處，則為是塔，皆應恭敬，作禮圍繞，以諸華香而散其處。

那麼為什麼把這種從「慈」而來的付出，
用「默默」去形容呢？
因為你會發現它也可以形容為「無為」——
是一種不居功、不刻意、
「覺得這樣很好那就去做了」的單純心境。
做完了也只是覺得，
自己有把自己的日子過得充實、美好。

因此雖然是在為這個世界的別人付出，
卻覺得受益者其實更是自己，
所以有什麼好聲張的呢？

也就是說：
別人覺得佛對他很好，
可是佛覺得這樣做對自己也很好；
甚至那個好，
比別人領受的還要多。

所以走向這條金剛不壞的
「慈」的道路的人，
會有很多很多的感謝。
他會驚訝於這條道路如此奇妙，
竟是無止盡的雙贏——
對你好、對我自己更好。

所以，人生歷程這樣走下來，
你會感覺自己付出的其實只有那麼一點點，

可是整個存在
給予你的卻是那麼多。
你就會感覺自己的那一份付出，
是在一個「大合一」裡面——
是這個「大合一」在付出，也是這個「大合一」在獲得。
原來，
你是從那個整體而出、又回歸於整體的人——
你就是那個合一。
原來，
你　就是　佛。

當你意識到這個「佛」的時候，你已經是個發著光的生命。
就像佛像畫裡面的人物，頭後都有著圓形的光——
你的「佛光」就亮了。

而佛祖後面那個光明，

便是祂與這個世界之間，
「取得了最大的雙贏」的象徵。

所以《金剛經》也是一個富貴之法。
超越情緒，並不只是得到內心的平靜而已，
你還會從裡面，
去看到那條可以「遍地黃金」的處世之道。

就像「孔融讓梨」的故事。
人都想要拿最好的，
可是人生的真相是：
你給別人最好的，才會剛好也給了你自己最好的。
你去看，
「最好的」創造，
都會剛好是雙贏的。

例如說，

你搶走了大顆的梨子，
但是在內心的另一面，
你也知道拿走了這個，
另外一個人只能吃剩的，他也很可憐。
許多陰影就在潛意識裡滋生了。

再者，既然這次你去搶了，
以後你就會一直覺得別人也會搶；
你看事情就都會用這個角度
去開啟很多的惡性循環，
所以你就掉入了「悲」的輪迴裡面。

「慈」就是你給別人「最好的」的時候，
你同時是喜悅的；
「悲」就是你搶到大的梨子的時候，

只有短暫的勝利感，
卻住進了地獄。

所以「ＤＮＡ反轉法則」就是說：
很多事情當你都覺得「這應該是我的」的時候，
在你背後就會有很多刀插進來了。
也就是有很多負能量，
在你那麼去想、那麼去做了之後，
會紛紛尾隨而至。

反之，想把大的梨子讓給別人吃的人，
例如一個愛著孩子、愛著另一半的人，
看著孩子或另一半，吃得開心喜悅；
他內心的開心喜悅，甚至是更盈滿、更甜蜜的。
而他的孩子、他的另一半，因為他的愛得到了那些「最好的」，

而開展出更好的人生時，
他們也會很歡喜的與他共享，
因為他們的心早已是合一的。
這就是「利己利他」，
無限雙贏的模式。

六、創造力，是創造出光明的連鎖反應

這個雙贏模式
並不一定只能在家庭關係裡面發生，
人類之間也都可以的。
那就是看你自己
有沒有演化成為更有智慧的人類。

其實汲汲營營的人，損失是最大的，
因為他能開心的事會愈來愈少。
這也是「ＤＮＡ反轉法則」。
所以，
一個國家、一個社會一直在拼經濟，
它的損失肯定會很大。
因為它會把很多長遠的利益都犧牲掉，
例如應該有百年大計的教育、

應該照顧好人民生活品質的基礎建設……
這些都會被拋諸腦後，一切只向錢看齊。
然後呢？
就是炒地、炒房、空汙、通膨……
最後大家的存款反而都少一個零。

所以追求經濟奇蹟如果是對的，
那為什麼大家更富有了之後，
變成存款少一個零？變成不敢生小孩？
這又是所謂的「DNA反轉法則」。

如果大家不是在追求經濟奇蹟，
而只是著重在「為別人著想」的經濟活動，
你反而會得到千金難買的健康空氣、
適合人居的都市發展，
以及大家都買得起房的均富社會。

那不就變成了，
大家不用在帳面上有很多錢，
可是每個人的錢花出去
都好像多一個零？

所以「昌盛的國家」的定義，
是不是應該要改一改了呢？
人民不用拼死拼活賺很多錢，
就可以享受健康與美好，
這不才是真正的「昌盛」嗎？

一個國家不應該只顧著GDP的成長；
各方各面都有健康地在成長，
才是真正的成長，
也才是真正的富有。

這就是「藏富於民」。

所以創造性，是能夠創造出光明的連鎖反應，
才是真正的創造性。
只懂得拼經濟，那並不是創造，
而是愛的匱乏。

因此當你真的懂得《金剛經》，
你絕不會成為酸民，
你會成為喜悅的、有甜度的富貴之人。
人人看到你，都會想要把資源流向你，讓你去發揮。
因為從你而來的創造，
總是又回饋到大家的身上去。
這份雙贏，就是人們心中想看到的光明。
大家都想把能量，
投注在像這樣的光明裡面去。

第四章　身體層面的《金剛經》

一、人其實是很纖細的存在

人的神經，敏感度是很強的。
例如有的人很不喜歡自己身上有油垢味，
結果到公司上班的時候
突然聞到了，
他整個氣場就變弱了。
於是去客戶那裡做簡報，就變得很不順。

身體就是這麼纖細的存在，
你的緊繃與放鬆，也許只是一點點，
對它的差異卻很大。
例如有很多人發現自己在外面時，都不會想要排便，
可是每次才到家，門都還沒進，
便意就突然冒出來。

常處於高壓狀態的人，到後來會連在家裡也難以放鬆，
就變成常態性的便秘了。
他沒有辦法排毒，
腸道的毒素又被吸收掉，在體內循環，
日積月累，這樣不生病也難。
同樣的道理，
自律神經為什麼會失調？
就是你有無形的壓力，
持續地讓某些神經緊繃，
干擾它正常的運作與修養；
然後累積到一個程度，
所謂的恐慌症、憂鬱症就爆發了。
其實這就像是古人的「一夜白髮」，
這些干擾持續到一個臨界點，
你身體的某些系統，
就突然間大當機了。

在這個當機之後，
會有系統的損害，
就好像某些元件就壞掉了——
該生產的激素不生產了、或是生產的很少。
所以如果使用藥物去幫助它運作、生產，
是會有效的。

但是如果你的壓力源沒有調整或減輕，
又加上「對當機經驗再度發生的恐懼」
成為了你另一個新的壓力源，
那麼這個惡性循環仍在累積，
藥物的效用也會逐漸降低。

在這種無助的時候，
確實有很多人，

從宗教上獲得奇蹟般的療癒，
這是醫學界現在還沒有辦法解釋的。
因為神佛，擁有比人類更先進的醫學——
就是那個「無為」的能力。
祂們知道用什麼樣的程式語言與能量，
可以進入那個人的電腦系統，
將他已經當機的部分
重整與修復。

二、強化氣場，是靠「心存善念」

所以所謂的「補運」，
也是真的有的。
例如有些人潛意識很自卑，
他自己就是那個自己不喜歡的事物，
走在路上自己都會不自在，
別人也就覺得他怪怪的。
這樣他的運勢當然不會好。

可是如果有人教他怎麼打理服裝、穿出帥氣，
他一有自信起來，氣場由弱轉強，
別人覺得他變亮，
他的表現也就真的比以前強。
神佛正像這樣，精通人類的身心靈編程，
祂們有各種形式的作法，

可以啟動人自己的良性循環，
讓原來那個弱的地方，
自然變得強健。
於是從一個「沒自信」的惡性循環，
換到一個「有自信」的正向循環，
這個人的運途當然會改善。

當一個人整體的氣場變強了，
不僅僅好運會來，還常常可以避凶，
甚至連疾病都不會上身；
反之，氣場弱的人，身體很多的循環也會卡住，
就會孱弱多病。
甚至因為氣場漸弱
而終致重病上身。

那麼，可以靠自己強化氣場嗎？

這總比等到生了病，再去求醫求神要好。
可以的，要讓氣場變強，
「心存善念」就是關鍵。

因為在心存善念的當下，
你的氣會是正的。
所謂的「正」，是「正循環」的意思。
也就是你的神經系統，
就會在一種健康的運作裡面。

反之，所謂的「邪念」或「邪氣」，
為什麼稱作「邪」呢？
因為它會讓你的神經系統，立刻進入一種緊繃的、
不健康的循環裡面去。
所以倘若你經常產生邪念，
久而久之，邪氣旺盛，

對你身體的傷害就會逐漸出現。

一般人無法在那個「善念」或「邪念」的一剎那之間，
去知覺到身體運作的不同，
都是要等到生病了以後，才知道自己不對勁了。
其實「善念」與「邪念」，
是會使得你體內的循環
產生不同的變化。
也就是當你心裡想著要害人的時候，
你自己體內所產生的激素，
已經在毒害你自己了。

因此
「善念」或「邪念」對一個人的影響，
並不只是存在於心靈的層次，
也真的存在於身體的層次；

「身心靈」確實是綁再一起、同步在運作的。

三、重症的療癒，要修「感謝＋反省＝奉獻」

所以「感謝＋反省＝奉獻」這個修行，
對於人生會有很神奇的效果。（註）
因為透過這個 App，
對於你身心靈有害的作為，你自己就會去停止；
對於你身心靈有益的習慣，你自己就會去養成。
於是
你的身體會產生好的循環、
心智會有愛的流動、
靈魂會儲存好的記憶。

那麼即便你本來再不健康，
都會顯著地看見改變。
甚至於你有癌症或慢性病，
恢復力好的人會好得很快；

（註）具體執行的方式，請參閱《奉獻：打開第五次元意識，看見尊貴、美好的生活》一書，章成、M・FAN 著。商周出版發行。

恢復力差的人，
起碼不會惡化，然後再慢慢地止跌回升。
其中效果是否卓著，
就要看是你的「感謝＋反省＝奉獻」跑得比較快，
還是你的病程跑得比較快了。

此外，身體有重症的人，
找真正有修為的人，幫你補運是可以的，
但也不是能夠幫你完全救回來。
補運是給你一個好的開始，
可是你還是要看你生病的那個因果，
是不是已經到了雪崩的時期。

如果你的病況靠你自己，
已經維持在一個穩定度時，
補運就會造成一個，

讓病情逆轉，開始向上轉好的契機。
可是補運要能成立，有兩點：
一是知道你需要補的是什麼樣的能量，
所以要做什麼樣具體的作為？
二是你的心要真的有誠。

這裡就可以說明什麼是「有誠」了。
有誠的相反就是有邪，
如果你的心裡有邪，
你就會讓身體的病程加速，
那人家幫你補的，若抵不過你的邪，
看到的效果便有限。

所以傳統上說：
「你做不了功課，就會被收走。」
這個原因其實就是：你累積太多負能量了；

這些負能量一直在加速你肉體的崩壞，
直到當你的靈魂知道
你做不了原訂的功課，
那祂就會結束這一世。
這跟有的人覺得
他的債務已經一輩子都還不出來，
就決定自殺，
是一樣的道理。

所以如果你希望身體一直是健康的，不會被任何邪氣影響，
那就要維持好的氣場。
而好的氣場，
便是以善念去帶起的正向循環。

四、相由心生的健康之道

以上就是在講，
身體層面的《金剛經》。
「金剛」就是你可以變強，
甚至是百毒不侵。

當然，身體終究會經歷成、住、壞、空，
但自然的老化並非「生病」；
老化之後你還是可以「延年益壽」，
是可以健康地變老的。

所以如果你老得體弱多病，
甚至是年紀輕輕，就已經因生病而衰弱，
那麼以上所講的概念，就一定能夠幫助你變得更好，
甚至戰勝重症都是有可能的。

其實這也等同於人家說的
「相由心生」——
你身體的健康狀況，是可以由你的心念去改變的。
只要你知道怎麼樣去導正
自己心中的偏邪，
保持在正道上，
你就能成為「金剛不壞之身」。

那麼，怎樣修善念、導正心中的偏邪呢？
首先你做各種事的時候，
都相信「舉頭三尺有神明」；
不會去逾越該有的界線，
讓心都在「正」的方向上。
其次，
開始去實踐「感謝＋反省＝奉獻」，

把自己很多的「負面批判」消融掉，
那麼你的心就會安穩、
很多身心的循環就會開始轉好。

所以修善念的重點，不在於外相上的行為，
而在於你的內心處於什麼樣的狀態。
例如有的人雖然一直在吃素念佛，
可是對別人的態度、言行，
他都是很批判、很計較的，
那麼，吃那個素根本沒有用，
他的身心
還是一直走在負向循環的軌道裡。

所以吃素唸佛、遵守戒律，不等於學佛。
因為「佛」不是一種主張、不是道德信念、
不是該不該吃素——

它不是一條可以制訂出來的道路。

學佛是對於很多事情，
你弄清楚它的來龍去脈，
知道它的效益在哪裡？
而你自己的未來要去哪裡？
這些有去弄清楚，
才是佛法說的「有覺」。
有這樣對每件事去「覺」，
這才是學佛。

如果你的為人真的是大方又光明，
那吃素就是很棒的，
因為它能夠提醒你保持慈悲。
然而每個人的相對位置不同，
有的人的環境或身體，不一定能夠允許素食；

或是他修習慈悲心的角度，
並不是放在以飲食呈現的形式上。
你了解這些，
便不會訴諸於罪惡感，
試圖把素食變成一種必須的道德觀念。

學佛正是像這樣，
你的心能夠有空間，
去體察各種相對位置與緣起；
而你的反應模式，
都是在「認識」和「了解」，
不在於「確立什麼唯一的對與錯」。
那你才能夠在這裡面，
得到真正的成長，
以及佛的開悟。

所以學佛
會讓你有疾病也可以逆轉、
想實現目標也有能力完成、
要幫助人也可以看見效果……
它其實就是在實際生活中，
讓你的生命，
可以運作順暢的一種 App。

第五章　行「善」深，方能修得金剛覺

學佛的人，
常愛講某個法究竟、某個法不究竟。
例如聽到人家說，所有宗教都在勸人為善，
他就覺得刺耳：
「我們佛法才不只是勸人為善，那只是一個低層次的法。
像金剛經、心經這種高級的法，
比『勸人為善』要高深多了。」

會有這種想法
其實是因為對「善」的認識，
停留在低的層次，
而不是「善」是低層次的法。

真正的善，就像一股吹向「彼岸」的風，
你修行的帆船，
若想航行至解脫的彼岸，

就要進入這股風路裡面，絕不偏離。
否則都將誤入歧途。

所以當你小看了「善」，
不了解它細緻的內涵，
就會像你認不清航道在哪裡，
卻要去航行、說你要去開悟，
這是狂妄、也是危險的。
步步以善為本，
你才能走到《金剛經》的開悟。

一、愈善的人，對別人愈有等待

那麼何謂「真正的善」？
一般人都會認為自己有善念，
但其實你並不是常常有善念，
甚至於已經算是個壞的人了，
自己卻不自知。

這個除非是
從比你現在高的層次看下來，
你才會看得到。
也就是
「天堂可以看得到地獄，地獄無法看得到天堂」。

如果你的生活或身心已經出狀況了，
或是你的人生過得很苦、處處都是絆腳石，

那就是你的「善」與「惡」
已經失去了平衡。
也就是說，你會以為你是善的，
但事實上
你的「惡」是比較多的，
所以你的人生才會跑到「惡性循環」裡面去。

這是需要警惕的。
也許你一直在作惡的事，
可是心裡面一直認為自己是善的。
這個「認為自己是善的」
其實是一種被你自己遮蔽之下的扭曲；
也就是你自己正在地獄裡面，
所以你根本看不清楚
真正的善是什麼了。

比較多善的人，
生活中就會有比較多發自內心的感謝、
比較多真誠的反省，
並且也會常常去奉獻。
所以若想衡量自己是不是善人，
只要用「感謝」、「反省」、「奉獻」三項指標，
去靜心自問，就會知道了。

所以有的人覺得自己心地是善的，
為什麼精神卻是萎靡的？
或沒有辦法豐盛？
為什麼還會有那麼多的情緒？悲傷？
這裡面就是還有他沒有看到的「不善」的部分，
以及自己拒絕去學習的部分。

例如有些人覺得自己是善的，

所以在他的觀念裡面，
某些人就根本是壞人、
有些事絕對是壞事。
像這樣的想法或批判，
其實也常常在傷害著別人而不自知。

就像很多人在求學階段，
也遇過一些老師，
那些老師真的是善人嗎？
他真的是在「教導」嗎？
還是他只是在用他的個性、他的情緒
加上自以為是的觀念，
一直在貶抑與傷害，
那些他不接受的學生？

因為學校的課本，好像都是在教你做好的事，

所以拿著這些課本在教的人，
就容易以為自己是善的。
其實有些老師是很不善的，
例如很吝嗇、很勢利，或是很會推卸責任……
他很多的一念之間，
都是替自己的方便思考比較多，
並沒有對學生或教學
真正有那個心的。

還有很多父母，不也是一樣？

所以社會上有很多人，他是不成熟的，
自己的不善他看不到，
可是都會欺騙自己、或是自我催眠說：
「我是個校長，我做這些事情都是在為學生好。」
「我是個醫生，我做這些事情都是在為病人好。」

「我是個創業家，我做這些事情都是想讓社會更好。」
諸如此類……
可是他們在做的那些事情，
背後其實都有一個更大的貪念，
是在為自己而謀求的。

那麼，很多修行人，不也是一樣？

又例如很有正義感的人，
覺得任何事就要以眼還眼、以牙還牙。
可是如果對方是你的家人、同學或是好朋友，
為何又會變成是：
「啊！還是要給他一個機會、再多勸導他一下，他也可以改的。」
因為你認為他是你的兄弟姐妹，
所以你就比較有愛。
然而社會上的其他人，其實也是我們的兄弟姐妹，

因為大家都是互相依存的。
那個當下插你隊的人，
或許是雨天幫你送過外賣的人；
那個有婚外情的男人，
或許就是你好朋友的主治醫生。

所以愈善良的人，對別人愈有等待，
因為他知道人有不同的面向，
也不一定都一樣的成熟。
他就願意給別人
更多學習的時間與空間。

「人人都可以成佛」的意思，
就是願意等待每個人回頭。
人只是在學習的過程中，還有很多盲點，
才會造成他現在這個樣子。

可是他還是一個慢慢在改變、
可以向上提升的靈魂。
只是那個速度，跟你想要的不一樣。

既然如此，
我們不就可以更用智慧，
去看看怎麼樣
幫助他加速這個歷程？
也許這個智慧裡面，也包含著處罰、指責，
但那便是經過思考的、
回到愛裡面的一種成熟的作法。
這是在為那個人的成長奉獻，
跟所謂的「正義感」，
出發點是很不同的。
而這才是會創造善循環的「善」。

二、能在不同的層次移動，心才會有善

所以兩相比較，
你就會看出所謂的「正義感」，
這裡面的惡。
一覺得別人有錯就要修理他、
殺人就要償命；
支持這個邏輯的很多人，
並沒有看到自己也有很多的不成熟，
其實是被包容過、被給予過機會與等待的。
不想要的就切掉，
或是「要他死」，
其實也有你自己的惡在裡面。

所謂的「正義魔人」，
他沒有反觀自己，也不願意多奉獻一些；

看到別人犯錯了，他就要去討伐、
就要去肉搜……
其實，那些他討伐的人，
也許是虐童的保姆、也許是對路人棒毆的富少，
但那些「壞蛋」其實跟他一樣，
也曾經走到過他現在正在經歷的，
正義魔人的階段。

因為當人的玻璃心與貪嗔痴，一直擴大時，
就會去做出那些可怕的事。
而在他們扭曲的心智裡面，
他們認為他們也是正義的。

其實，當你有餘力去說別人好壞的時候，
你已經沒有在修自己了。
當你把注意力放在你這個層次所認定的「好與壞」，

你就沒有把心力
放在往更上層次的視野去走。

這就像大家形容的「三姑六婆」。
他們話很多，都在評論鄰居、說長道短。
可是在別人眼中，
不僅見識如此狹小、觀念如此過時、心胸也如此計較。
聽聽他們每天在談的事，
會覺得他們的人生已經到此為止，
不會有什麼未來可言。

同樣地，社會有各種的層次，
而人們多半會固定在某一個層次裡面
往上層次看或往下層次看，
主觀地評論著、不滿著、羨慕或討厭著。
總以為他是善的中心，

然後就這樣累積著偏見與情緒，
變惡去了。

所以真正能夠往善的方向修的人，
是能移動自己「層次」的人；
你能往上層次走，也能往下層次走。

就像一個百貨公司有各類樓層——
奢華的精品街、庶民的小吃街……
如果你都有能力進去體驗，
慢慢你才會真正明白
人的各種層次、以及各種層次的需求。
你才會知道在不同層次裡面，
為什麼會衍生出不同的潛規則與對應之必須，
你就不會用單一層次的觀點，
去評價其他。

只是
能夠在不同層次之間移動與閱歷，
是需要能力的。
就像大部分人可以到百貨公司的地下街買東西，
卻很難去熟悉精品店。
人生也一樣，
更高層次智慧的人可以看懂低層次，
因為他是從低層次一路學習上來的；
可是還在較低層次的人，
就無法看懂更高的層次，他們為什麼這麼做或那麼做。
這就是之前說的，
「在天堂的人可以同時看見地獄和天堂，
但是在地獄的人只能看見地獄。」
所以在地獄的人也只相信地獄，

只願意用地獄的邏輯去做人做事。
因此在地獄裡面，是很難提升的；
多半要透過苦難、損失，
才會逼得這個人、或這個社會願意去反省——
去看見更高層次的善、
往更上層次的善去走。

三、相信自己有不善，就是有「心量」

有人說很多殺人犯都有「下三白」，
可是也有很多人有下三白，
但他們並沒有去殺人。
這是什麼意思呢？
就是不管先天如何，人是可以靠修行改變的。

有些人先天上很容易有情緒，
但他們有在修，所以就改變了。
所以人是可以修的，愈修就愈好。
你看到什麼人覺得不OK，
你要想到：
他是可以修的，那我要怎麼樣幫助他去修？

如果你說，

那些去殺人的人都很壞、都該死。
那些劈腿的人都很渣、都該死。
那麼在天上的神佛，是不是也要說：
你們這些在地球的人類，也都很壞，
要不然幹嘛在輪迴中一直互相傷害、互相砍殺？
既然還在輪迴，就證明你們很壞，
那我們為什麼要這麼有愛地，
去幫助你們？

為什麼在你病痛無助的時候、
感情失意的時候、
事業受挫痛苦不堪的時候，
還要幫助你們去成長、脫離痛苦？
那都是你們自己的因果，不是嗎？

所以會在「惡的地獄」的人，

永遠只會用惡的角度，去看待別人的惡。
永遠只在對罵與情緒裡面，
卻認為自己這樣是善。
他沒有辦法看到天堂的模式——
「有慈悲地用智慧去轉動現狀」的模式。

所以如果你自己認為自己是個善人，
卻有苦於轉動不了的生命場域，
希望你相信：
你的可憐裡面，必有其「可惡」之處。
就是這裡面一定有
你對自己說謊不願意去正視、
有既得利益所以不想放手、
不願意去負責而想要逃避的那些部分；
使你不願意去學習、或不能夠去學習，
才會造成你的弱勢與辛苦。

這也就是所謂的：
「你一定是有功課沒有去做到。」

所以人自認為的善，
其實都是對照來的。
通常都是跟他鄙視、討厭的那些人事物比較起來，
自己變成了好人的狀態。

所以所謂的修行，是自己能夠從自己的苦裡面，
去相信自己在那裡有功課要學習。
當你真的有這份心量了，
神佛就會幫助你
去看到自己的不善之處，
讓你能夠去把它修補起來。

四、法輪常轉，就會脫離地球層級

如果你的善
本來只是貧脊土地上的一小撮綠意，
透過修補，
慢慢地擴及了土地的每一個方位、角度，
直到綠意滿滿，
你的人生就豐饒、美好、充滿生機了。
更多的鳥兒、蝴蝶也就會來妝點你的沃土，
讓它像天堂般的美麗。

也就是說，
人生中你會有悲、你會轉不動的地方，
透過我們所說的
「可以去創造善循環」的「善」，
每次你轉動了一個，

你會發現你的生命能量，
就更加活絡了起來。

當很多你轉不動的地方，都能夠轉動了，
你的整個身心靈，
便會形成一股很大的能量，
將你帶入接近「虹光身」的境界。
那麼這個即將脫離地球層級的
揚升的趨勢，
也已經是「金剛不壞」了。

所以是因為善，你才能夠學習到
能夠轉動一切的智慧；
而「能夠轉動一切的智慧」，
就是「金剛般若波羅蜜」的意思。

它意味著所有的時候，
智慧都已主導著你的人生，
順暢地運轉在你的心中。
它意味著不再有貪嗔痴來將你卡住、
也沒有什麼境遇能再將你束縛；
你能夠
給自己任何自己想要的自由了。
這即是
「法輪常轉」；
亦即
你的成道之時。

跋

這本經每個人都看得懂，
因為每個人都可以看得到自己現階段
可以看得懂的部分；
可是這本經
每個人也都看不懂，
因為在你的人生還有困境的那些區域，
這本書裡面
雖然已經有在暗示你答案，
然而你現在還看不到。

所以，願你能夠珍視這本經典，
將它置於左右，
每當你在人生中，突然想問：

「我為什麼要來人世間走一遭？」
「人生為什麼要讓我看到這些？」
你就把這本經拿出來翻一翻，
讓你的心與它交流，那麼
佛就在這裡回答你。

⊙ 傳訊者介紹

章成禪師

國立中山大學電機系畢。經歷自基督教、佛教、新時代身心靈課程之洗禮，已實修四十多年、專注於樸素禪修三十餘年。

目前為【大日講堂】負責人，從事身心靈教育及個人一對一通靈諮詢工作已屆二十餘年，協助個案面對人生重大抉擇、帶領學生翻轉人生境遇，教學經驗豐富。學生遍及海內外各階層，自中國大陸百大企業家、海內外企業菁英、政治世家至一般士農工商，桃李滿天下。

早年曾為資深廣播人，三座金鐘獎得主，亦曾受邀為中國大陸銷量最大之時尚雜誌《悅己 SELF》擔任心靈專欄作家，歷時三年半。年年筆耕不懈，至今已出版書籍二十多部，啟迪當代，廣受好評。

M · FAN

室內設計師，《與佛對話》、《奉獻》、《都可以，就是大覺醒》、《地藏經》、《心經》等多部著作之共同著作人。

部落格：章成的好世界　　FB 粉絲頁：章成

國家圖書館出版品預行編目 (CIP) 資料

金剛經：人生經歷無數，喜樂一如最初 = The Diamond Sutra / 章成、M・FAN 傳訊 . -- 初版 . -- 臺北市：商周出版：英屬蓋曼群島商家庭傳媒股份有限公司城邦分公司發行 ,2022.7
面； 公分
ISBN 978-626-318-321-6 (精裝)

1.CST: 般若部

221.44 111008201

金剛經：人生經歷無數，喜樂一如最初

傳　訊　者　章成、M・FAN
責 任 編 輯　徐藍萍

版　　　權　吳亭儀、江欣瑜
行 銷 業 務　黃崇華、賴正祐、華華
總　編　輯　徐藍萍
總　經　理　彭之琬
事業群總經理　黃淑貞
發　行　人　何飛鵬
法 律 顧 問　元禾法律事務所王子文律師
出　　　版　商周出版　台北市南港區昆陽街 16 號 4 樓
電話：(02) 25007008　傳真：(02)25007759
E-mail：ct-bwp@cite.com.tw　Blog：http://bwp25007008.pixnet.net/blog
發　　　行　英屬蓋曼群島商家庭傳媒股份有限公司城邦分公司
台北市南港區昆陽街 16 號 5 樓
書虫客服服務專線：02-25007718　02-25007719
24 小時傳真服務：02-25001990　02-25001991
服務時間：週一至週五 9:30-12:00　13:30-17:00
劃撥帳號：19863813　戶名：書虫股份有限公司
讀者服務信箱 E-mail：service@readingclub.com.tw
香 港 發 行 所　城邦（香港）出版集團有限公司　香港灣仔駱克道 193 號東超商業中心 1 樓
E-mail: hkcite@biznetvigator.com　電話：(852)25086231　傳真：(852)25789337
馬 新 發 行 所　城邦（馬新）出版集團 Cite (M) Sdn Bhd
41, Jalan Radin Anum, Bandar Baru Sri Petaling, 57000 Kuala Lumpur, Malaysia.
Tel: (603) 90578822　Fax: (603) 90576622　Email: cite@cite.com.my

設　　　計　張燕儀
印　　　刷　卡樂彩色製版印刷股份有限公司
總　經　銷　聯合發行股份有限公司　新北市 231 新店區寶橋路 235 巷 6 弄 6 號 2 樓
電話：(02) 2917-8022　傳真：(02) 2911-0053

■2022 年 7 月 7 日初版
■2024 年 7 月 10 日初版 3.8 刷
定價 450 元

城邦讀書花園
www.cite.com.tw

Printed in Taiwan

　ISBN 978-626-318-321-6

心存善念
福氣綿延